школа - l'école — 2
путешествие - le voyage — 5
транспорт - le transport — 8
город - la ville — 10
ландшафт - le paysage — 14
ресторан - le restaurant — 17
супермаркет - le supermarché — 20
напитки - les boissons — 22
еда - l'alimentation — 23
ферма - la ferme — 27
дом - la maison — 31
гостиная - le salon — 33
кухня - la cuisine — 35
ванная комната - la salle de bain — 38
детская комната - la chambre d'enfant — 42
одежда - les vêtements — 44
офис - le bureau — 49
экономика - l'économie — 51
профессии - les professions — 53
инструменты - les outils — 56
музыкальные инструменты - les instruments de musique — 57
зоопарк - le zoo — 59
спорт - les sports — 62
действия - les activités — 63
семья - la famille — 67
тело - le corps — 68
больница - l'hôpital — 72
неотложный случай - l'urgence — 76
земля - la terre — 77
часы - ...heure(s) — 79
неделя - la semaine — 80
год - l'année — 81
формы - les formes — 83
цвета - les couleurs — 84
противоположности - les oppositions — 85
цифры - les nombres — 88
языки - les langues — 90
кто / что / как - qui / quoi / comment — 91
где - où — 92

AF189886

Impressum
Verlag: BABADADA GmbH, Nedderfeld 112 , 22529 Hamburg
Geschäftsführer / Verlagsleitung: Harald Hof
Druck: Books on Demand GmbH, In de Tarpen 42, 22848 Norderstedt

Imprint
Publisher: BABADADA GmbH, Nedderfeld 112 , 22529 Hamburg, Germany
Managing Director / Publishing direction: Harald Hof
Print: Books on Demand GmbH, In de Tarpen 42, 22848 Norderstedt

школа

l'école

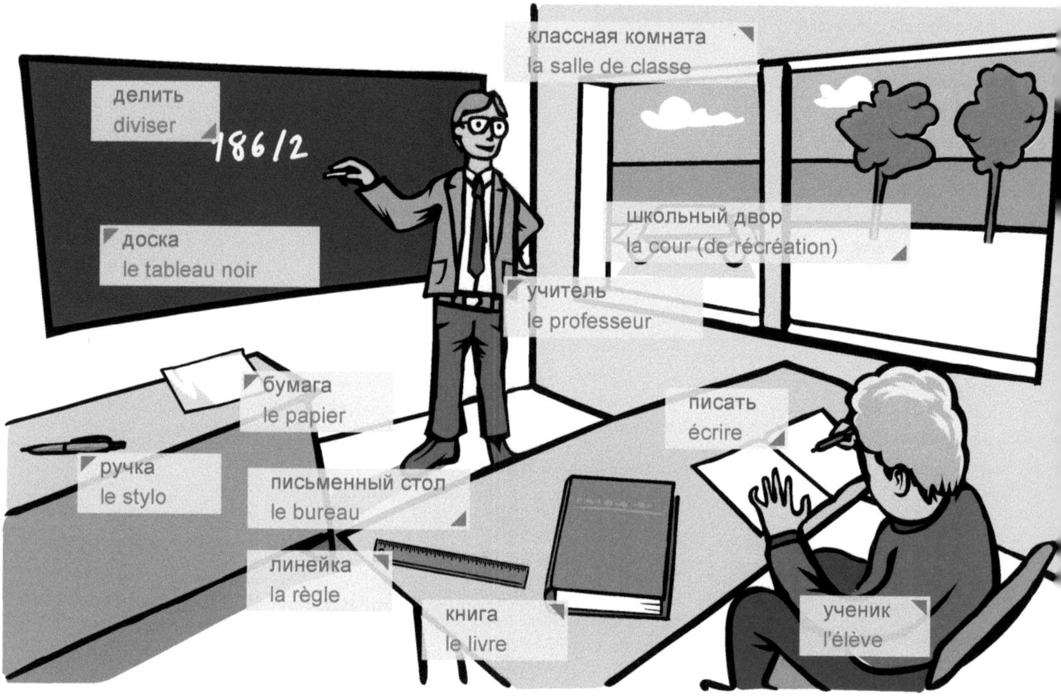
классная комната
la salle de classe
делить
diviser
186/2
доска
le tableau noir
школьный двор
la cour (de récréation)
учитель
le professeur
бумага
le papier
писать
écrire
ручка
le stylo
письменный стол
le bureau
линейка
la règle
книга
le livre
ученик
l'élève

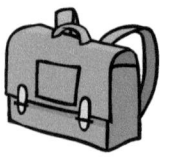

ранец

le cartable

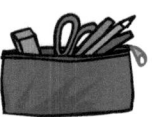

пенал

la trousse

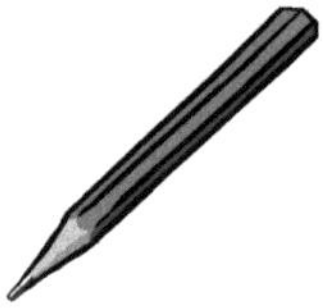

карандаш

le crayon

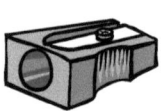

точилка

le taille-crayon

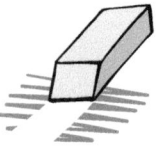

ластик

la gomme

альбом для рисования

le carnet à dessin

рисунок

le dessin

кисточка

le pinceau

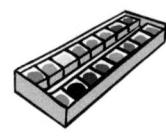

коробка красок

la boîte de peinture

ножницы

les ciseaux

клей

la colle

тетрадь

le cahier d'exercices

домашняя работа

les devoirs

12

цифра

le chiffre

2+2

прибавлять

additionner

5-2

вычитать

soustraire

2×2

умножать

multiplier

считать

calculer

A

буква

la lettre

ABCDEFG HIJKLMN OPQRSTU VWXYZ

алфавит

l'alphabet

слово

le mot

текст

le texte

читать

lire

мел

la craie

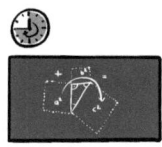

урок

la leçon

классный журнал

le livre de classe

экзамен

l'examen

диплом

le certificat

школьная форма

l'uniforme scolaire

образование

la formation

энциклопедия

le lexique

университет

l'université

микроскоп

le microscope

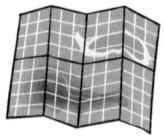

карта

la carte

корзина для бумаг

la corbeille à papier

путешествие
le voyage

гостиница
l'hôtel
Grand
турбаза
l'auberge
ROOMS
пункт обмена валюты
le bureau de change
CHANGE
чемодан
la valise
автомобиль
la voiture

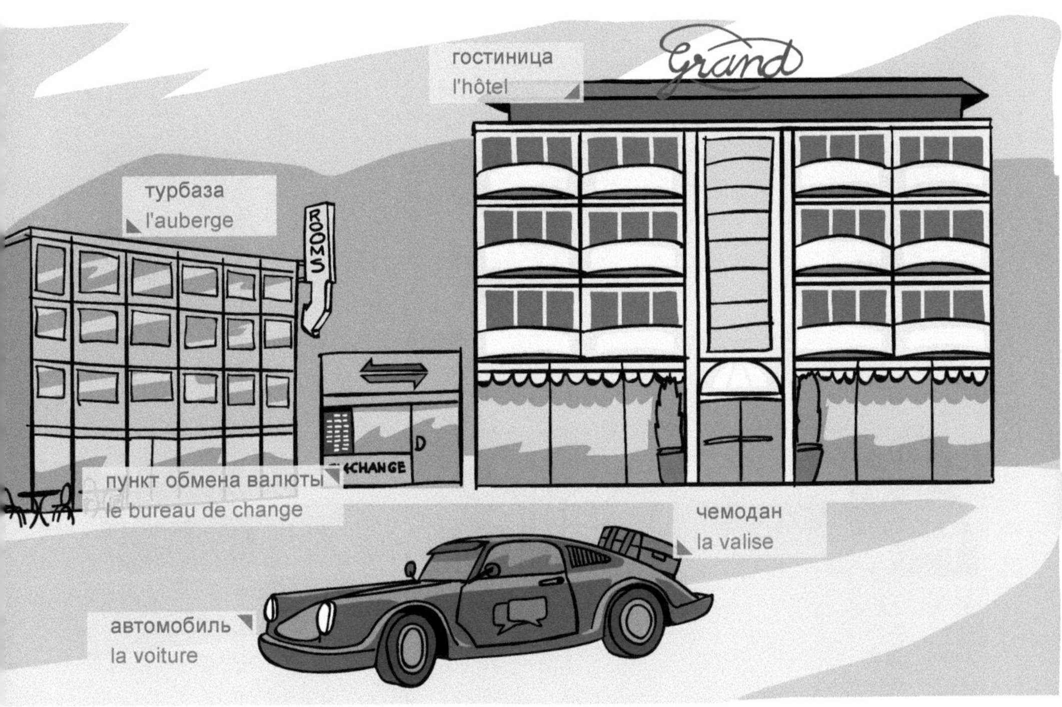

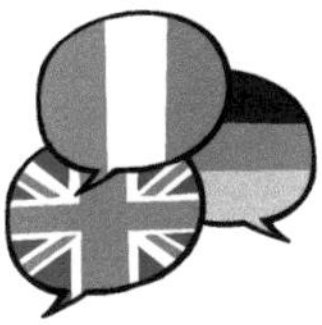

язык
la langue

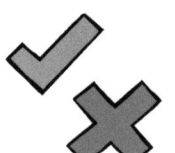

да / нет
oui / non

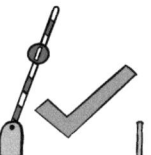

хорошо
d'accord

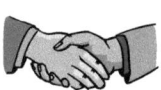

Привет
Salut

переводчик
l'interprète

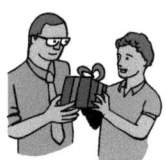

Спасибо
merci

Сколько стоит...?

Combien coûte...?

Я не понимаю

Je ne comprends pas

проблема

le problème

Добрый вечер!

Bonsoir !

Доброе утро!

Bonjour !

Доброй ночи!

Bonne nuit !

До свидания

Au revoir

направление

la direction

багаж

les bagages

сумка

le sac

рюкзак

le sac-à-dos

гость

l'hôte

комната

la pièce

спальный мешок

le sac de couchage

палатка

la tente

туристическая
информация
l'office de tourisme

пляж

la plage

кредитная карточка

la carte de crédit

завтрак

le petit-déjeuner

обед

le déjeuner

ужин

le dîner

билет

le billet

лифт

l'ascenseur

почтовая марка

le timbre

граница

la frontière

таможня

la douane

посольство

l'ambassade

виза

le visa

паспорт

le passeport

транспорт
le transport

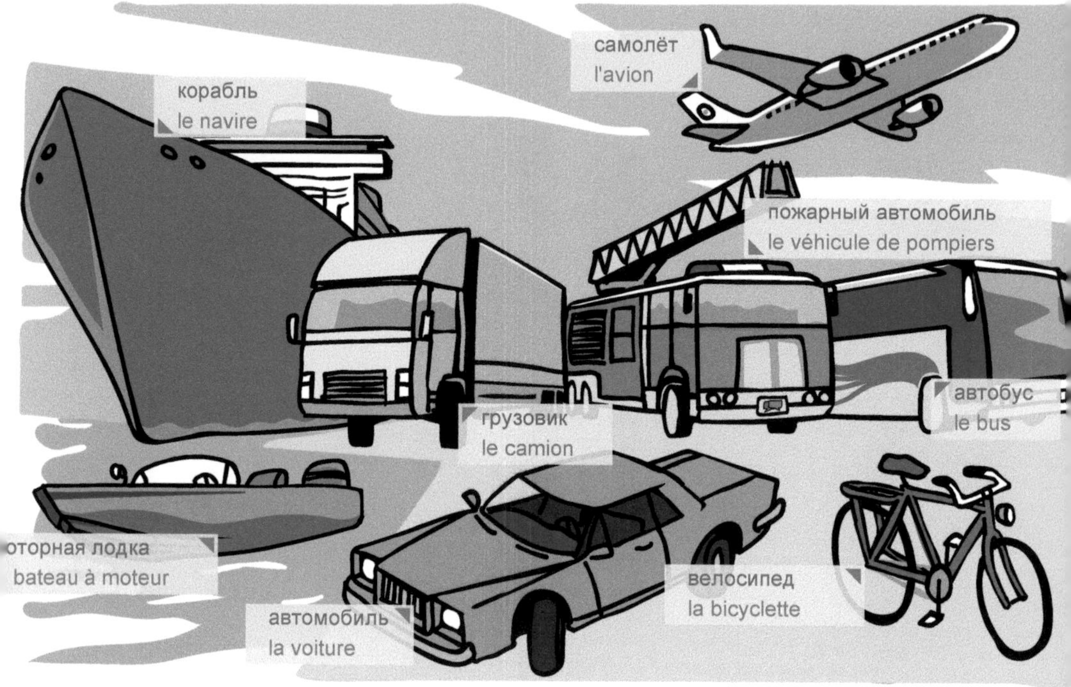

самолёт
l'avion
корабль
le navire
пожарный автомобиль
le véhicule de pompiers
автобус
le bus
грузовик
le camion
оторная лодка
bateau à moteur
велосипед
la bicyclette
автомобиль
la voiture

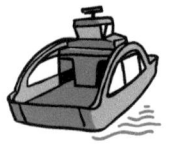

паром

le ferry

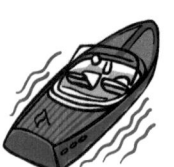

лодка

la barque

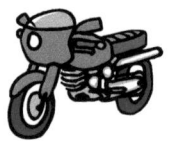

мотоцикл

la moto

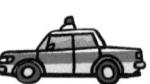

полицейский автомобиль

la voiture de police

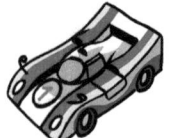

гоночный автомобиль

la voiture de course

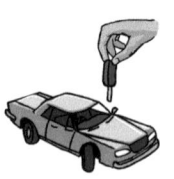

арендованный автомобиль

la voiture de location

совместное пользование
автомобилями
....
l'auto-partage

буксировочный
автомобиль
....
la voiture de remorquage

мусоровоз
....
la benne à ordures

двигатель
....
le moteur

топливо
....
l'essence

заправка
....
la station d'essence

дорожный знак
....
le panneau indicateur

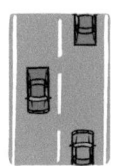

движение
....
le trafic

пробка
....
l'embouteillage

автостоянка
....
le parking

вокзал
....
la gare

рельсы
....
les rails

поезд
....
le train

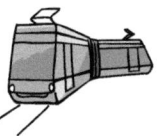

трамвай
....
le tramway

вагон
....
le wagon

вертолёт

l'hélicoptère

аэропорт

l'aéroport

вышка

la tour

пассажир

le passager

контейнер

le conteneur

коробка

le carton

тележка

le chariot

корзина

la corbeille

взлетать / приземляться

décoller / atterrir

город

la ville

деревня

le village

центр города

le centre-ville

дом

la maison

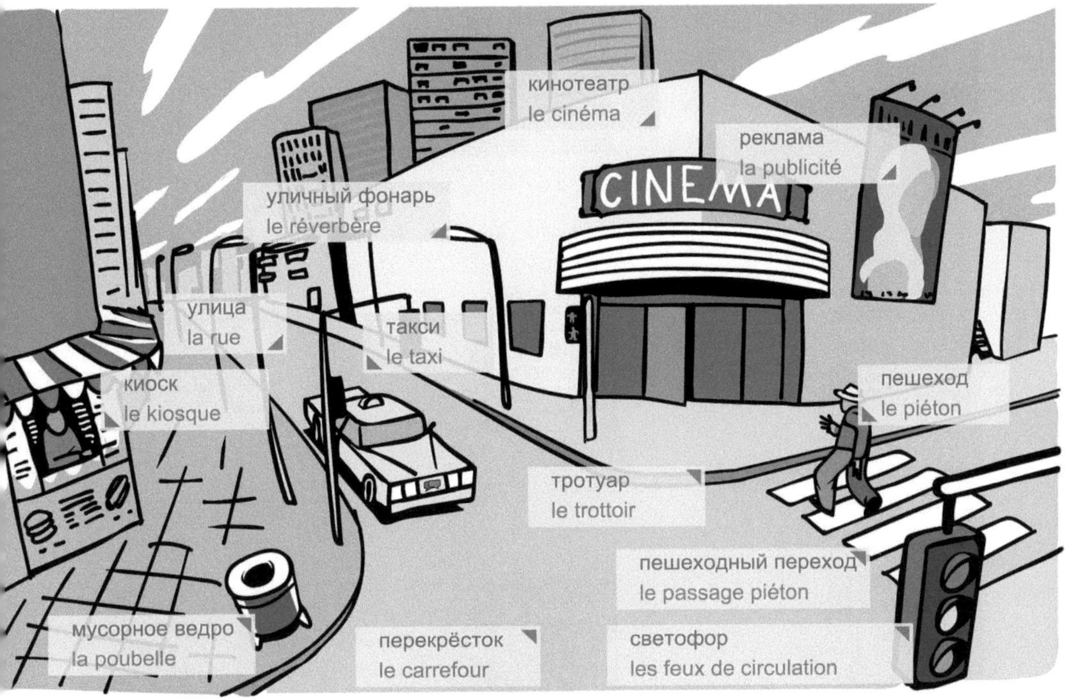
кинотеатр
le cinéma
CINEMA
реклама
la publicité
уличный фонарь
le réverbère
улица
la rue
такси
le taxi
киоск
le kiosque
пешеход
le piéton
тротуар
le trottoir
пешеходный переход
le passage piéton
мусорное ведро
la poubelle
перекрёсток
le carrefour
светофор
les feux de circulation

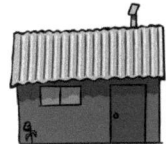

хижина

la cabane

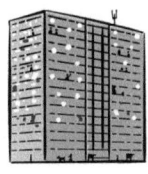

квартира

l'appartement

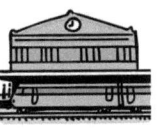

вокзал

la gare

ратуша

la mairie

MUSEUM

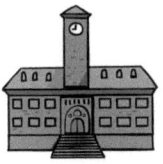

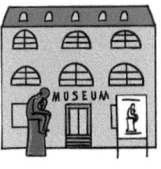

музей

le musée

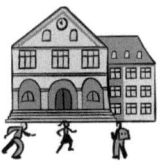

школа

l'école

университет

l'université

банк

la banque

больница

l'hôpital

гостиница

l'hôtel

аптека

la pharmacie

офис

le bureau

книжный магазин

la librairie

магазин

le magasin

цветочный магазин

le fleuriste

супермаркет

le supermarché

рынок

le marché

универмаг

le grand magasin

торговец рыбой

la poissonnerie

торговый центр

le centre commercial

порт

le port

парк

le parc

скамейка

la banque

мост

le pont

лестница

les escaliers

метро

le métro

тоннель

le tunnel

автобусная остановка

l'arrêt de bus

бар

le bar

ресторан

le restaurant

почтовый ящик

la boîte à lettres

табличка с названием
улицы

le panneau indicateur

паркометр

le parcmètre

зоопарк

le zoo

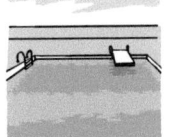

бассейн

le réverbère

мечеть

la mosquée

ферма

la ferme

загрязнение окружающей среды

la pollution

кладбище

la cimetière

церковь

l'église

детская площадка

l'aire de jeux

храм

le temple

ландшафт
le paysage

лист
la feuille

дорожный указатель
le panneau indicateur

дорога
le chemin

луг
le pré

камень
la pierre

дерево
l'arbre

путешественник
le randonneur

река
la rivière

трава
l'herbe

цветок
la fleur

долина

la vallée

гора

la montagne

озеро

le lac

лес

la forêt

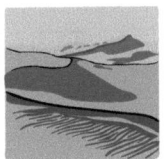

пустыня

le désert

вулкан

le volcan

замок

le château

радуга

l'arc-en-ciel

гриб

le champignon

пальма

le palmier

комар

le moustique

муха

la mouche

муравей

les fourmis

пчела

l'abeille

паук

l'araignée

жук

le coléoptère

лягушка

la grenouille

белка

l'écureuil

еж

le hérisson

заяц

le lièvre

сова

la chouette

птица

l'oiseau

лебедь

le cygne

кабан

le sanglier

олень

le cerf

лось

l'élan

плотина

le barrage

ветряной генератор

l'éolienne

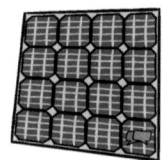

солнечная батарея

le panneau solaire

климат

le climat

ландшафт - le paysage

официант
le serveur

меню
le menu

стул
la chaise

суп
la soupe

пицца
la pizza

столовые приборы
les couverts

скатерть
la nappe

закуска
les hors d'œuvre

главное блюдо
le plat principal

десерт
le dessert

напитки
les boissons

еда
l'alimentation

бутылка
la bouteille

фастфуд

le fast-food

уличная еда

les plats à emporter

чайник

la théière

сахарница

le sucrier

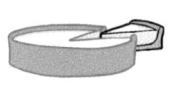

порция

la portion

кофеварка

la machine à expresso

детский стульчик

la chaise haute

счет

la facture

поднос

le plateau

нож

le couteau

вилка

la fourchette

ложка

la cuillère

чайная ложка

la cuillère à thé

салфетка

la serviette

стакан

le verre

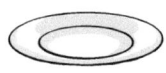

тарелка

l'assiette

суповая тарелка

l'assiette à soupe

блюдце

la soucoupe

соус

la sauce

солонка

la salière

мельница для перца

le moulin à poivre

уксус

le vinaigre

масло

l'huile

специи

les épices

кетчуп

le ketchup

горчица

la moutarde

майонез

la mayonnaise

супермаркет
le supermarché

специальное предложение
l'offre promotionnelle
FOR
покупатель
le client
молочные продукты
les produits laitiers
фрукты
les fruits
тележка для покупок
le chariot

BUTCHERS

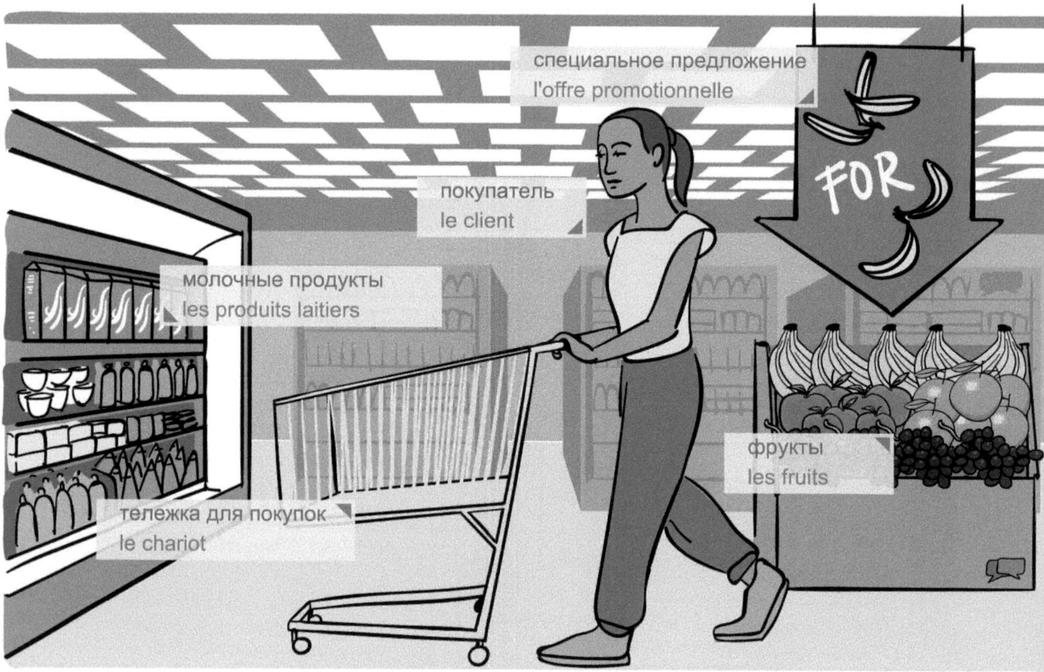

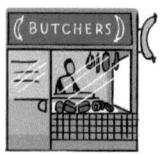

мясной магазин

la boucherie

BAKERY

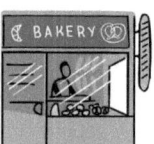

пекарня

la boulangerie

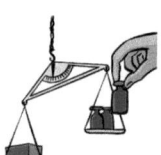

взвешивать

peser

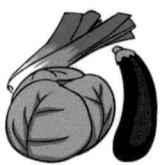

овощи

les légumes

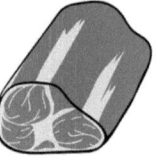

мясо

la viande

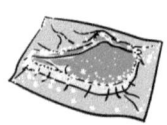

быстрозамороженные продукты

les aliments surgelés

нарезка

la charcuterie

консервы

les conserves

стиральный порошок

la poudre à lessive

сладости

les bonbons

предмет домашнего обихода

les articles ménagers

моющее средство

les détergents

продавщица

la vendeuse

касса

la caisse

кассир

le caissier

список покупок

la liste d'achats

время работы

les heures d'ouverture

бумажник

le portefeuille

кредитная карточка

la carte de crédit

сумка

le sac

полиэтиленовый пакет

le sac en plastique

супермаркет - le supermarché

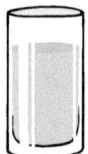

вода

l'eau

сок

le jus de fruit

молоко

le lait

кока-кола

le coca

вино

le vin

пиво

la bière

алкоголь

l'alcool

какао

le chocolat chaud

чай

le thé

кофе

le café

эспрессо

l'expresso

капучино

le cappuccino

банан

la banane

яблоко

la pomme

апельсин

l'orange

арбуз

le melon

лимон

le citron.

морковь

la carotte

чеснок

l'ail

бамбук

le bambou

лук

l'oignon

гриб

le champignon

орехи

les noisettes

лапша

les pâtes

спагетти

les spaghetti

рис

le riz

салат

la salade

картофель фри

les pommes frites

жареный картофель

les pommes de terre rôties

пицца

la pizza

гамбургер

le hamburger

сэндвич

le sandwich

шницель

l'escalope

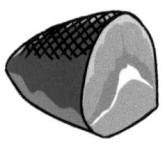

ветчина

le jambon

салями

le salami

колбаса

la saucisse

курица

le poulet

жаркое

le rôti

рыба

le poisson

овсяные хлопья

les flocons d'avoine

мюсли

le muesli

кукурузные хлопья

les cornflakes

мука

la farine

круассан

le croissant

булочка

les petits-pains

хлеб

le pain

тост

le pain grillé

печенье

les biscuits

масло

le beurre

творог

le fromage blanc

пирог

le gâteau

яйцо

l'œuf

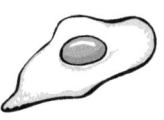

яичница

l'œuf au plat

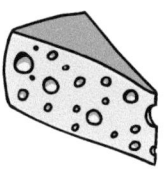

сыр

le fromage

мороженое

la glace

мармелад

la confiture

сахар

le sucre

крем с нугой

la crème nougat

мёд

le miel

карри

le curry

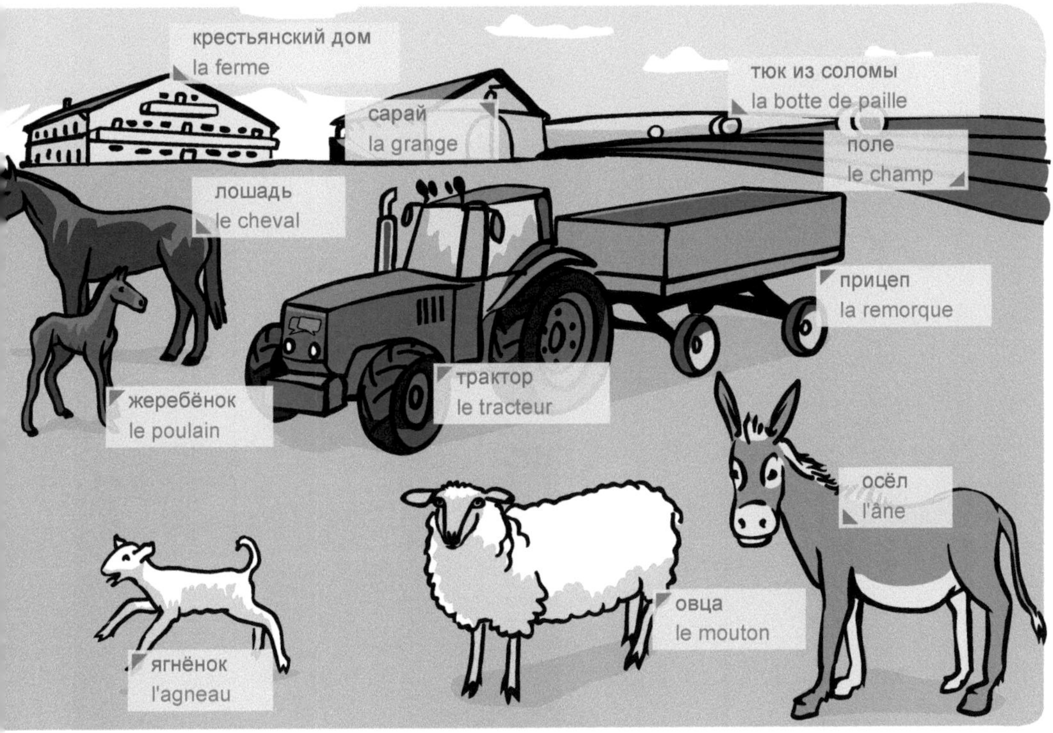

крестьянский дом
la ferme

сарай
la grange

тюк из соломы
la botte de paille

поле
le champ

лошадь
le cheval

прицеп
la remorque

жеребёнок
le poulain

трактор
le tracteur

осёл
l'âne

ягнёнок
l'agneau

овца
le mouton

коза
la chèvre

корова
la vache

телёнок
le veau

свинья
le porc

поросёнок
le porcelet

бык
le taureau

гусь

l'oie

утка

le canard

цыплёнок

le poussin

курица

la poule

петух

le coq

крыса

le rat

кошка

le chat

мышь

la souris

вол

le bœuf

собака

le chien

конура

le chenil

садовый шланг

le tuyau de jardin

лейка

l'arrosoir

коса

la faucheuse

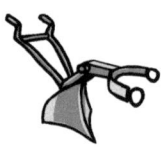

плуг

la charrue

серп

la faucille

мотыга

la pioche

навозные вилы

la fourche

топор

la hache

тачка

la brouette

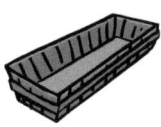

корыто

la cuve

бидон для молока

le pot à lait

мешок

le sac

забор

la clôture

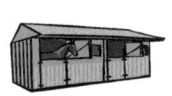

хлев

l'étable

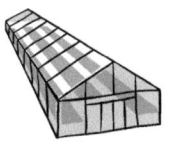

теплица

le serre

почва

le sol

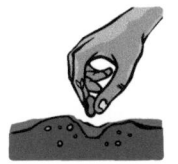

посев

les semences

удобрение

l'engrais

комбайн

la moissonneuse-batteuse

собирать урожай

récolter

урожай

la récolte

ямс

l'igname

пшеница

le blé

соя

le soja

картофель

la pomme de terre

кукуруза

le maïs

рапс

le colza

фруктовое дерево

l'arbre fruitier

маниок

le manioc

злаки

les céréales

дом
la maison

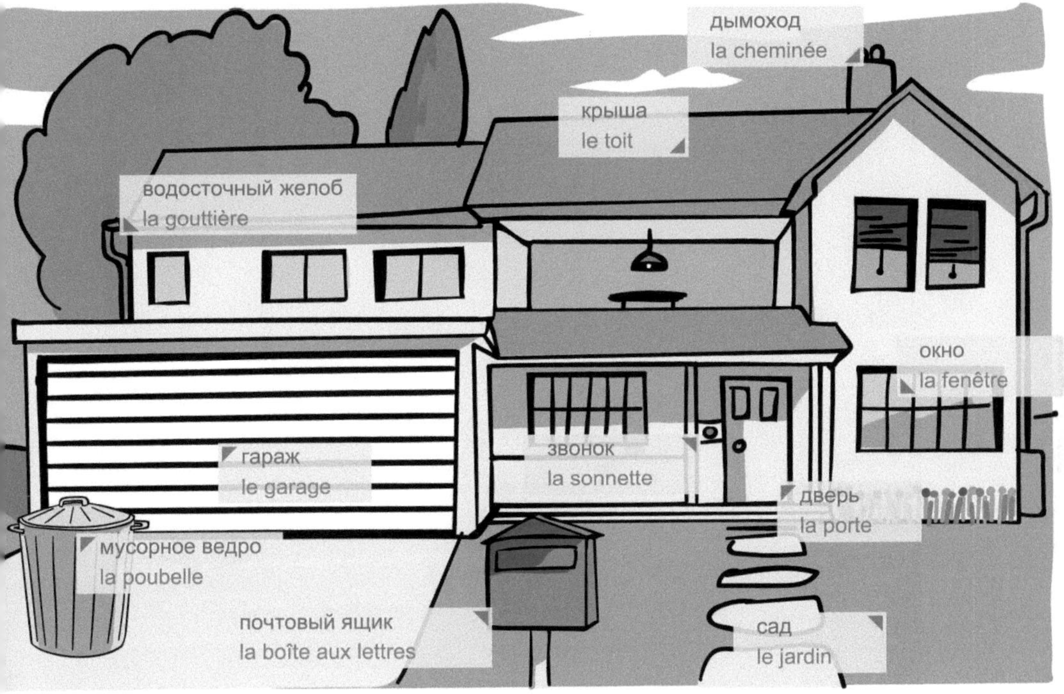
дымоход
la cheminée
крыша
le toit
водосточный желоб
la gouttière
окно
la fenêtre
гараж
le garage
звонок
la sonnette
дверь
la porte
мусорное ведро
la poubelle
почтовый ящик
la boîte aux lettres
сад
le jardin

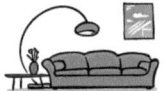

гостиная

le salon

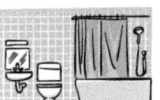

ванная комната

la salle de bain

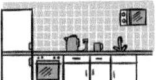

кухня

la cuisine

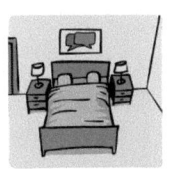

спальня

la chambre à coucher

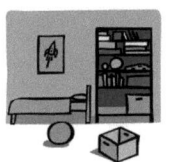

детская комната

la chambre d'enfant

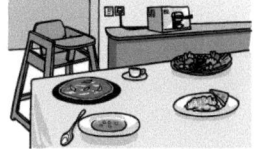

столовая

la salle à manger

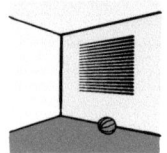

пол

le sol

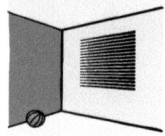

стена

le mur

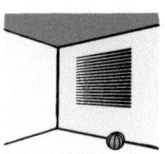

потолок

le plafond

подвал

la cave

сауна

le sauna

балкон

le balcon

терраса

la terrasse

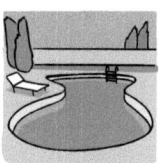

бассейн

la piscine

газонокосилка

la tondeuse à gazon

пододеяльник

la housse

покрывало

la couette

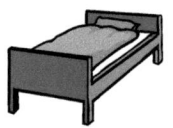

кровать

le lit

метла

le balai

ведро

le sceau

выключатель

l'interrupteur

гостиная
le salon

обои
le papier peint
рисунок
l'image
лампа
la lampe
полка
l'étagère
шкаф
l'armoire
телевизор
la télé
камин
la cheminée
цветок
la fleur
подушка
le coussin
диван
le sofa
ваза
le vase
пульт дистанционного управления
la télécommande

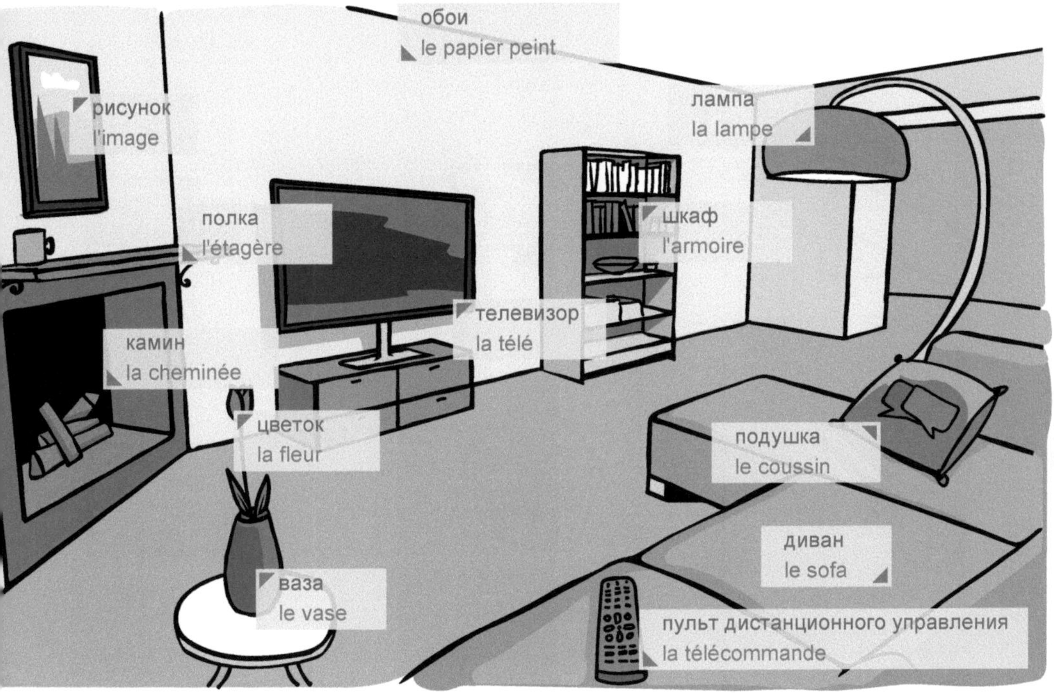

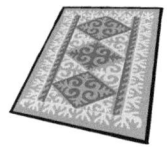

ковёр

le tapis

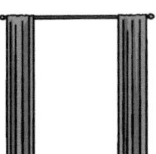

штора

le rideau

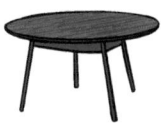

стол

la table

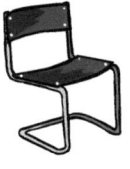

стул

la chaise

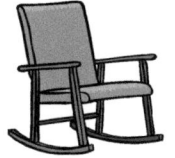

кресло-качалка

la chaise à bascule

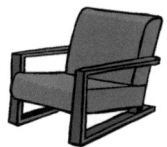

кресло

le fauteuil

книга

le livre

покрывало

la couverture

украшение

la décoration

дрова

le bois de chauffage

фильм

le film

стереосистема

la chaîne hi-fi

ключ

la clé

газета

le journal

картина

la peinture

плакат

le poster

радио

la radio

блокнот

le bloc-notes

пылесос

l'aspirateur

кактус

le cactus

свеча

la bougie

кухня
la cuisine

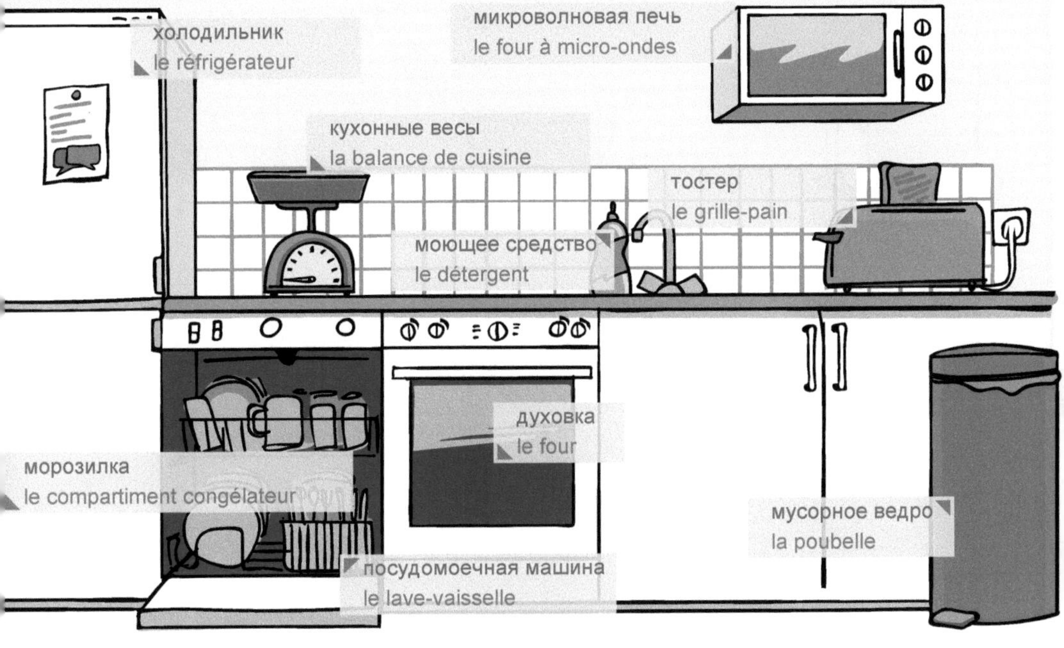
холодильник
le réfrigérateur
микроволновая печь
le four à micro-ondes
кухонные весы
la balance de cuisine
тостер
le grille-pain
моющее средство
le détergent
духовка
le four
морозилка
le compartiment congélateur
мусорное ведро
la poubelle
посудомоечная машина
le lave-vaisselle

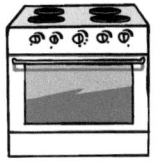

плита

le four

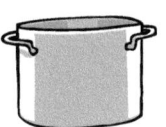

кастрюля

la casserole

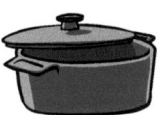

чугунный котелок

la marmite

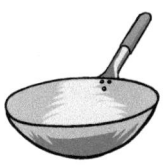

вок / кадай

le wok / kadai

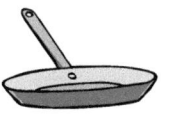

сковорода

la poêle

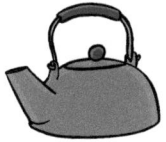

чайник

la bouilloire electrique

пароварка

le cuiseur vapeur

противень

la plaque de cuisson

посуда

la vaisselle

кружка

le gobelet

миска

la coupe

палочки для еды

les baguettes

половник

la louche

лопатка

la spatule

сбивалка

le fouet

сито

la passoire

сито

le tamis

тёрка

la râpe

ступка

le mortier

гриль

le barbecue

костёр

la cheminée

доска

la planche à découper

скалка

le rouleau à pâtisserie

штопор

le tire-bouchon

жестяная банка

la boîte

консервный нож

l'ouvre-boîte

прихватка

les maniques

раковина

le lavabo

щетка

la brosse

губка

l'éponge

миксер

le mixeur

морозильная камера

le congélateur

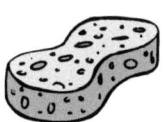

бутылочка для кормления

le biberon

кран

le robinet

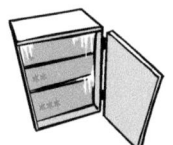

ванная комната
la salle de bain

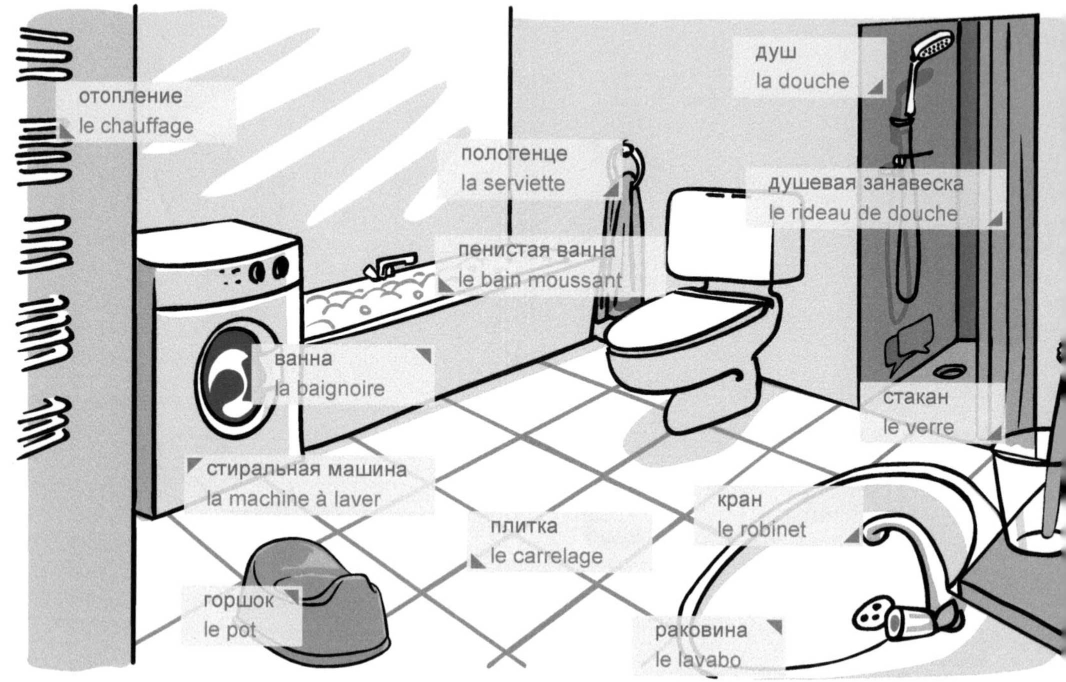
отопление
le chauffage
душ
la douche
полотенце
la serviette
душевая занавеска
le rideau de douche
пенистая ванна
le bain moussant
ванна
la baignoire
стакан
le verre
стиральная машина
la machine à laver
кран
le robinet
плитка
le carrelage
горшок
le pot
раковина
le lavabo

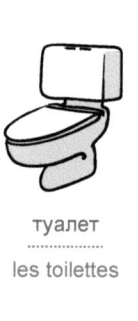

туалет

les toilettes

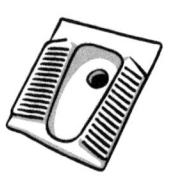

напольный унитаз

la toilette à la turque

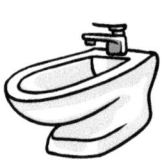

биде

le bidet

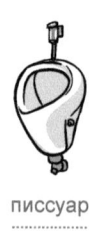

писсуар

l'urinoir

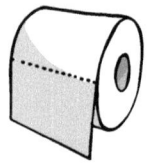

туалетная бумага

le papier toilette

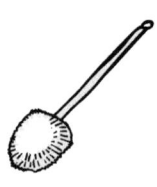

ершик

la brosse à toilette

зубная щетка

la brosse à dents

зубная паста

le dentifrice

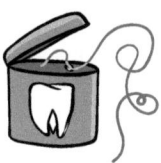

зубная нить

le fil dentaire

мыть

laver

ручной душ

la douche manuelle

интимный душ

la douche intime

таз

la vasque

щетка для спины

la brosse dorsale

мыло

le savon

гель для душа

le gel douche

шампунь

le shampooing

мочалка

le gant de toilette

сток

l'écoulement

крем

la crème

дезодорант

le déodorant

зеркало

le miroir

ручное зеркало

le miroir cosmétique

бритва

le rasoir

пена для бритья

la mousse à raser

лосьон после бритья

l'après-rasage

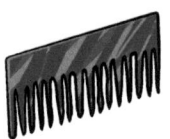

расческа

la peigne

щетка

la brosse

фен

le sèche-cheveux

лак для волос

la laque pour cheveux

косметика

le fond de teint

губная помада

le rouge à lèvres

лак для ногтей

le vernis à ongles

вата

l'ouate

маникюрные ножницы

le coupe-ongles

духи

le parfum

косметичка

la trousse de toilette

табуретка

le tabouret

весы

le pèse-personne

халат

le peignoir

резиновые перчатки

les gants de nettoyage

тампон

le tampon

игиеническая прокладка

es serviettes hygiéniques

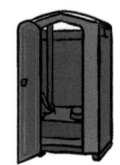

биотуалет

la toilette chimique

детская комната
la chambre d'enfant

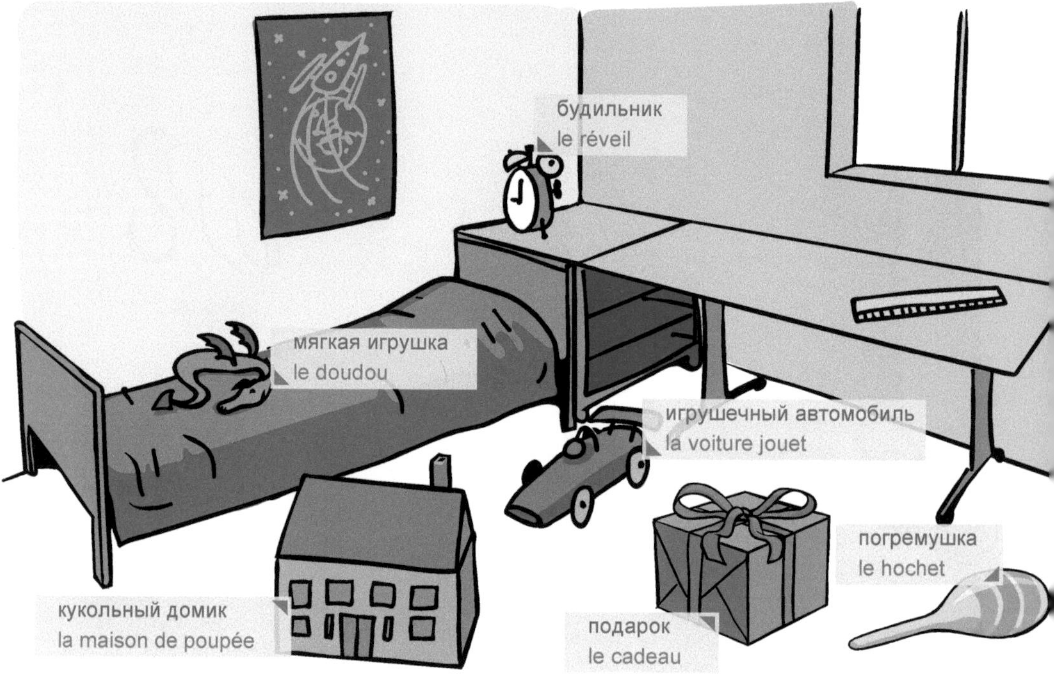

будильник
le réveil
мягкая игрушка
le doudou
игрушечный автомобиль
la voiture jouet
погремушка
le hochet
кукольный домик
la maison de poupée
подарок
le cadeau

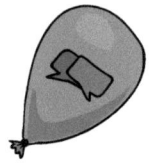

воздушный шар

le ballon

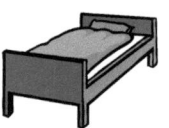

кровать

le lit

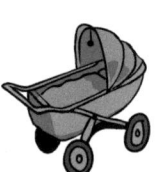

детская коляска

la poussette

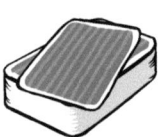

карточная игра

le jeu de cartes

пазл

le puzzle

SUPER
MEGA

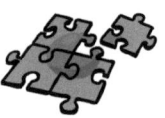

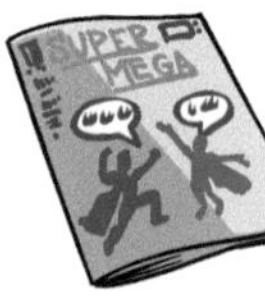

комикс

la bande dessinée

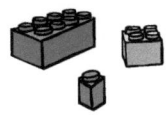

кирпичики Лего

les pièces lego

кубики

les blocs de construction

игрушечная фигурка

la figurine

ползунки

la grenouillère

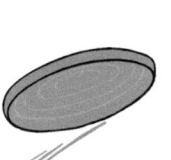

фрисби

le frisbee

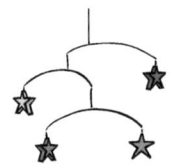

мобиле

le mobile

настольная игра

le jeu de société

кубик

le dé

модель железной дороги

le train miniature

соска

la sucette

вечеринка

la fête

книга с картинками

le livre d'images

мяч

la balle

кукла

la poupée

играть

jouer

песочница

le bac à sable

качели

la balançoire

игрушка

les jouets

игровая приставка

la console de jeu

трёхколесный велосипед

le tricycle

плюшевый медвежонок

l'ours en peluche

шкаф для одежды

l'armoire

одежда

les vêtements

носки

les chaussettes

чулки

les bas

колготки

le collant

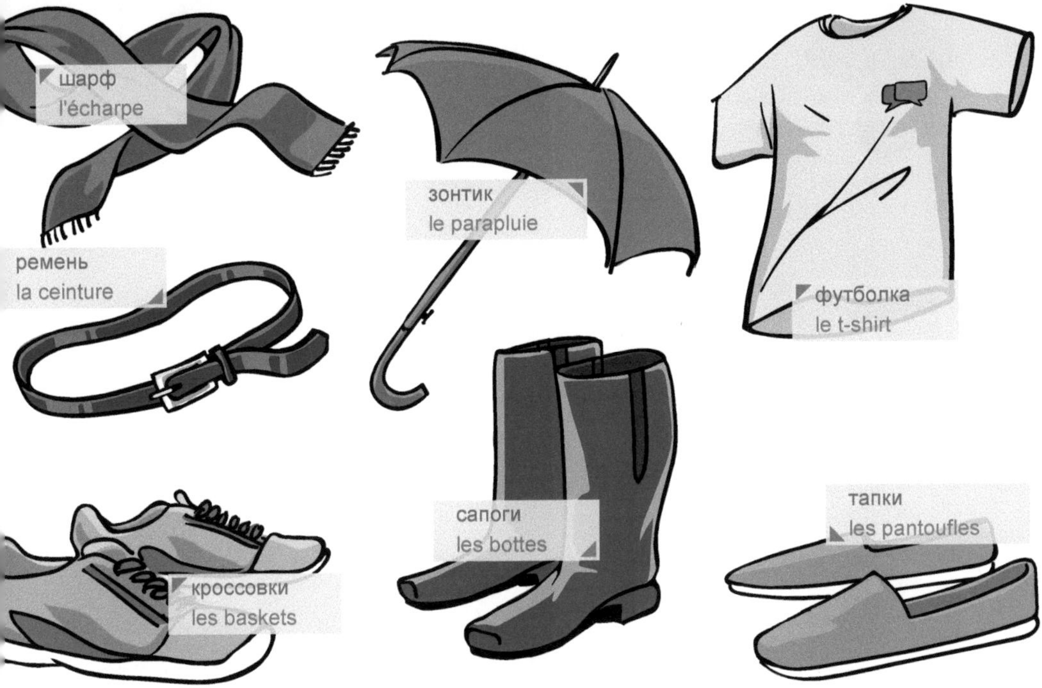

шарф
l'écharpe

зонтик
le parapluie

ремень
la ceinture

футболка
le t-shirt

кроссовки
les baskets

сапоги
les bottes

тапки
les pantoufles

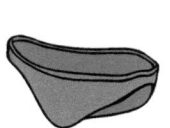

сандалии
les sandales

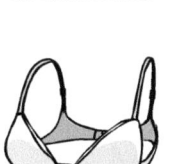

ботинки
les chaussures

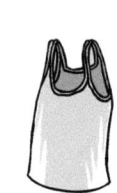

резиновые сапоги
les bottes de caoutchouc

трусы
les sous-vêtements

бюстгальтер
le soutien-gorge

майка
le maillot de corps

одежда - les vêtements

боди

le body

брюки

le pantalon

джинсы

le jean

юбка

la jupe

блузка

le chemisier

рубашка

la chemise

свитер

le pull

свитер

le sweat à capuche

спортивная куртка

la veste

жакет

la veste

пальто

le manteau

плащ

l'imperméable

костюм

le costume

платье

la robe

свадебное платье

la robe de mariée

одежда - les vêtements

мужской костюм

le costume

ночная сорочка

la chemise de nuit

пижама

le pyjama

сари

le sari

платок

le foulard

тюрбан

le turban

паранджа

la burqa

кафтан

le caftan

абайя

l'abaya

купальник

le maillot de bain

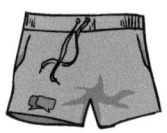

плавки

le maillot de bain

шорты

le short

спортивный костюм

la tenue d'entraînement

фартук

le tablier

перчатки

les gants

пуговица

le bouton

очки

les lunettes

браслет

le bracelet

цепочка

le collier

кольцо

la bague

серьга

la boucle d'oreille

шапка

le bonnet

вешалка

le cintre

шляпа

le chapeau

галстук

la cravate

застежка молния

la fermeture éclair

шлем

le casque

подтяжки

les bretelles

школьная форма

l'uniforme scolaire

форма

l'uniforme

детский нагрудник
....
le bavoir

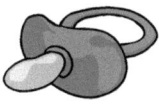

соска
....
la sucette

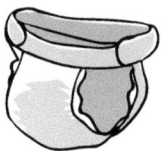

подгузник
....
la lange

офис

le bureau

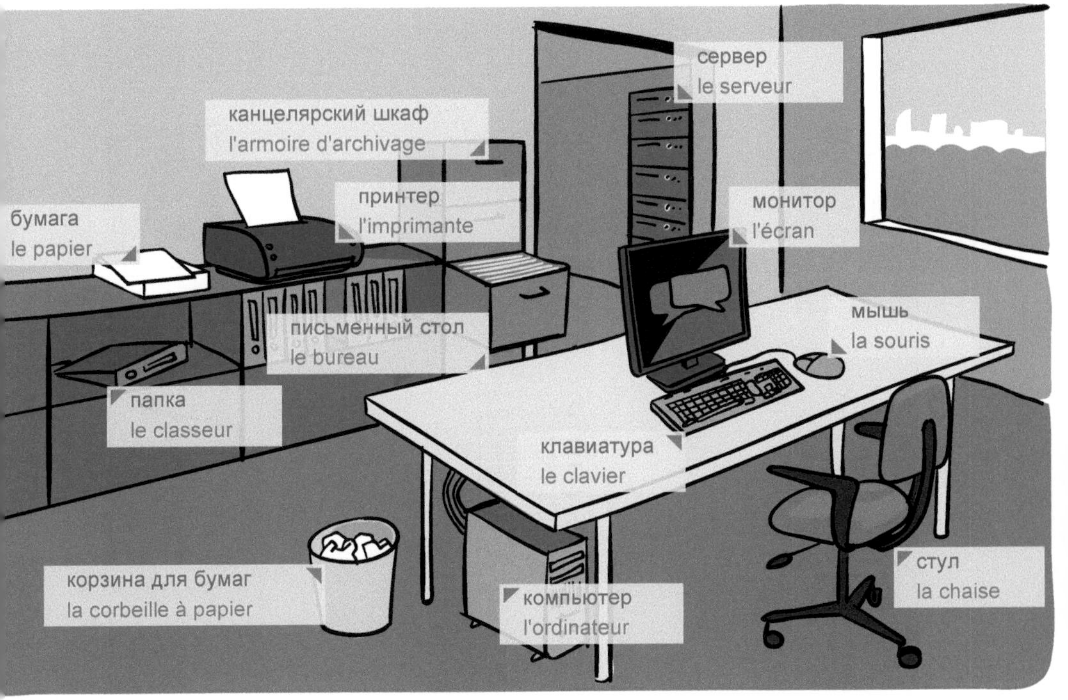

сервер
le serveur

канцелярский шкаф
l'armoire d'archivage

принтер
l'imprimante

монитор
l'écran

бумага
le papier

мышь
la souris

письменный стол
le bureau

папка
le classeur

клавиатура
le clavier

корзина для бумаг
la corbeille à papier

стул
la chaise

компьютер
l'ordinateur

кофейная кружка
....
la tasse de café

калькулятор
....
la calculatrice

интернет
....
l'internet

ноутбук

l'ordinateur portable

письмо

la lettre

сообщение

le message

мобильный телефон

le portable

сеть

le réseau

ксерокс

la photocopieuse

программа

le logiciel

телефон

le téléphone

розетка

la prise

факс

le fax

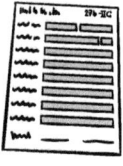

формуляр

le formulaire

документ

le document

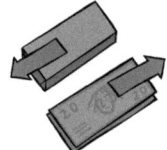

покупать

acheter

платить

payer

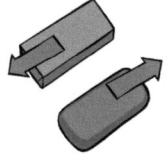

торговать

faire du commerce

деньги

la monnaie

 **USD**

доллар

le dollar

 **EUR**

евро

l'euro

 **JPY**

иена

le yen

 **RUB**

рубль

le rouble

 **CHF**

франк

le franc suisse

 **CNY**

жэньминьби юань

le renminbi yuan

 **INR**

рупия

la roupie

банкомат

le distributeur automatique

пункт обмена валюты

le bureau de change

золото

l'or

серебро

l'argent

нефть

le pétrole

энергия

l'énergie

цена

le prix

договор

le contrat

налог

la taxe

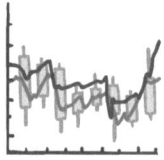

акция

l'action

работать

travailler

служащий

l'employé

работодатель

l'employeur

фабрика

l'usine

магазин

le magasin

профессии
les professions

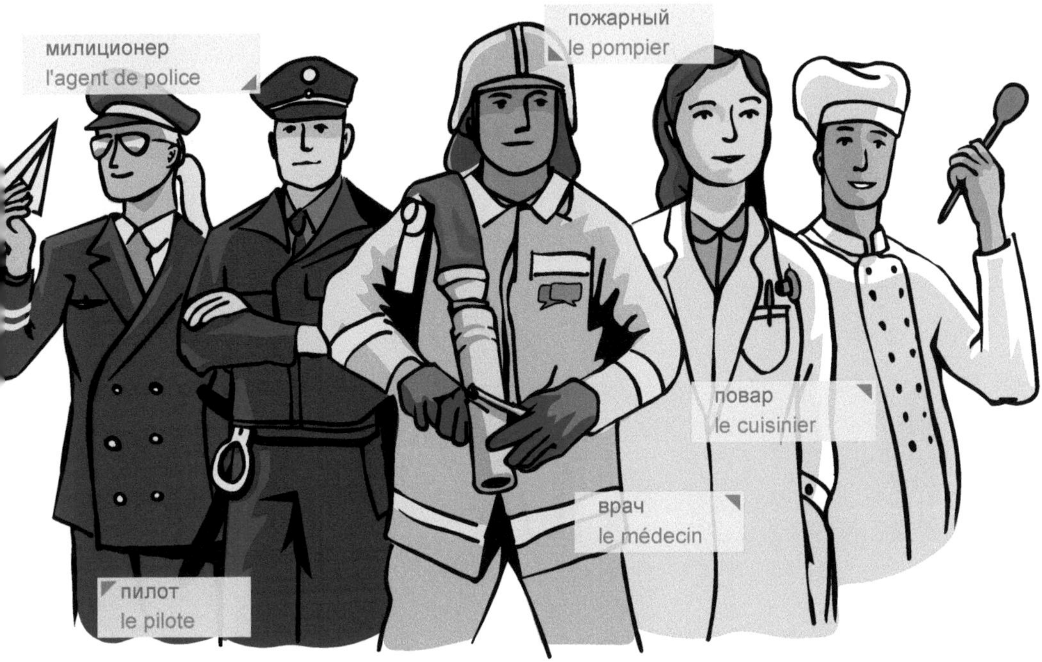
милиционер
l'agent de police
пожарный
le pompier
повар
le cuisinier
врач
le médecin
пилот
le pilote

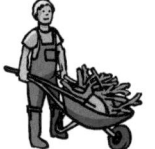

садовник

le jardinier

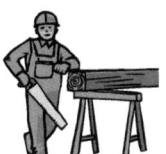

столяр

le menuisier

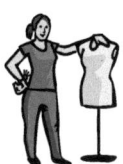

швея

la couturière

судья

le juge

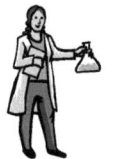

химик

le chimiste

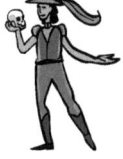

актёр

l'acteur

водитель автобуса

le conducteur de bus

таксист

le chauffeur de taxi

рыбак

le pêcheur

уборщица

la femme de ménage

кровельщик

le couvreur

официант

le serveur

охотник

le chasseur

художник

le peintre

пекарь

le boulanger

электрик

l'électricien

строитель

l'ouvrier

инженер

l'ingénieur

мясник

le boucher

сантехник

le plombier

почтальон

le facteur

солдат

le soldat

архитектор

l'architecte

кассир

le caissier

флорист

le fleuriste

парикмахер

le coiffeur

кондуктор

le contrôleur

механик

le mécanicien

капитан

le capitaine

зубной врач

le dentiste

ученый

le scientifique

раввин

le rabbin

имам

l'imam

монах

le moine

священник

le prêtre

инструменты
les outils

молоток
le marteau
плоскогубцы
les pinces
отвёртка
le tournevis
гаечный ключ
la clé
карманный ф
la torche

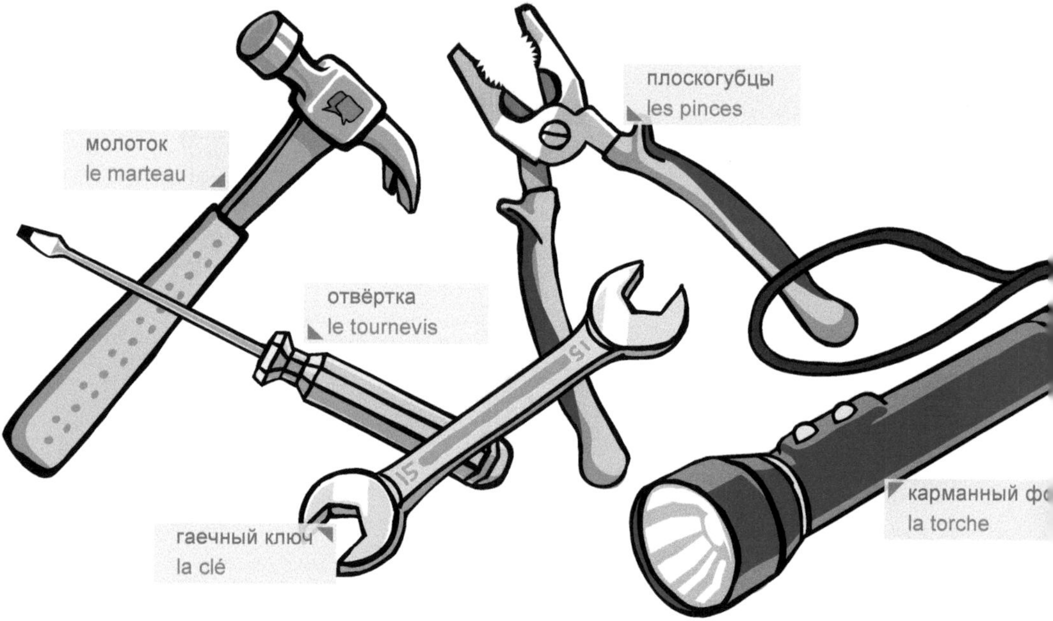

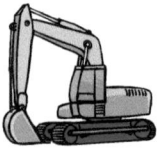

экскаватор

la pelleteuse

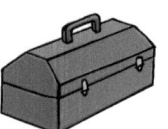

ящик для инструментов

la boîte à outils

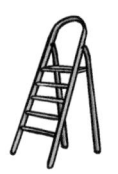

стремянка

l'échelle

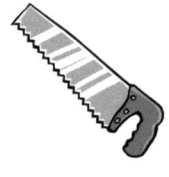

пила

la scie

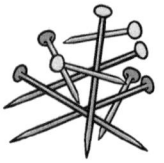

гвозди

les clous

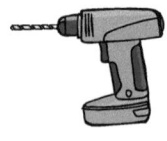

дрель

la perceuse

ремонтировать

réparer

лопата

la pelle

Блин!

Mince !

совок

la pelle

ведро с краской

le pot de peinture

винты

les vis

музыкальные инструменты
les instruments de musique

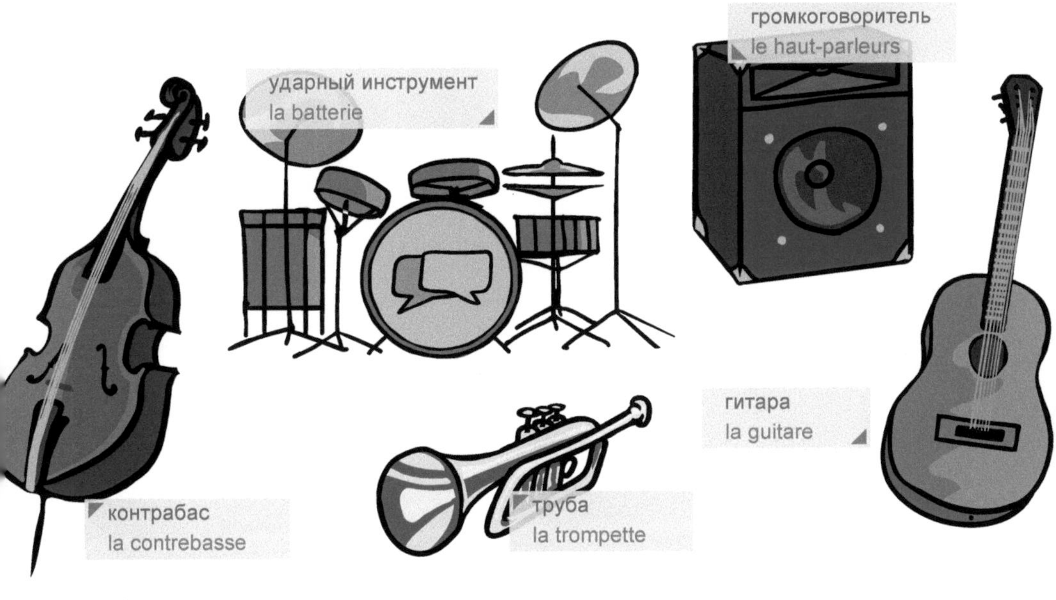

ударный инструмент
la batterie

громкоговоритель
le haut-parleurs

гитара
la guitare

контрабас
la contrebasse

труба
la trompette

пианино

le piano

скрипка

le violon

бас-гитара

la basse

литавры

les timbales

барабан

le tambour

синтезатор

le piano électrique

саксофон

le saxophone

флейта

la flûte

микрофон

le microphone

зоопарк
le zoo

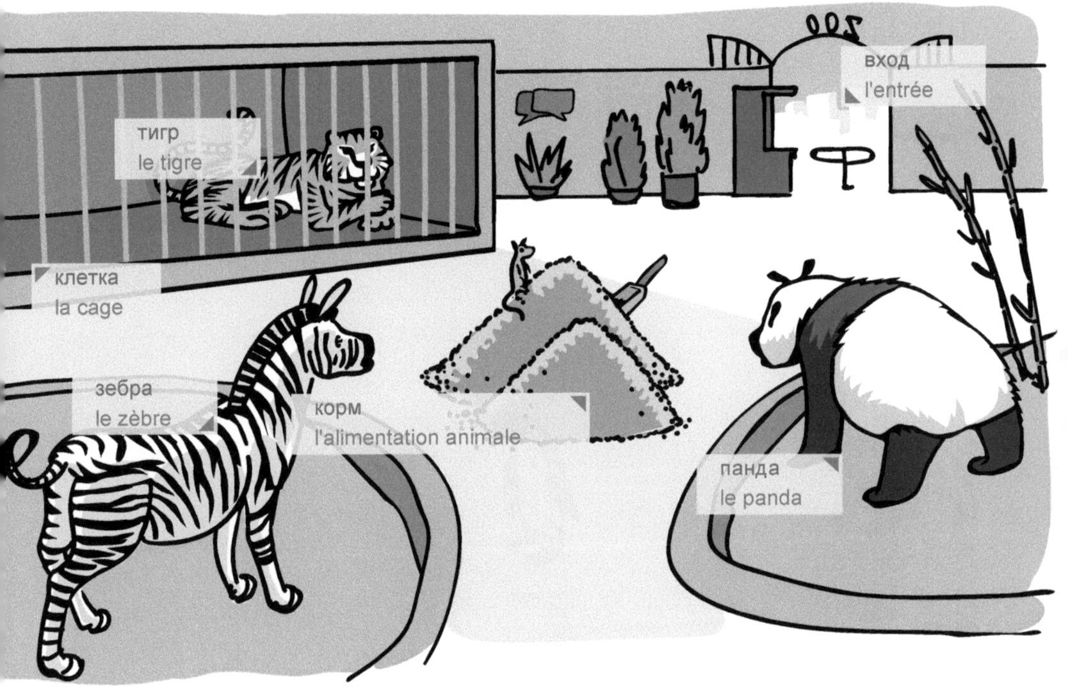

вход
l'entrée
тигр
le tigre
клетка
la cage
зебра
le zèbre
корм
l'alimentation animale
панда
le panda

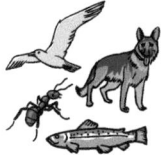

животные

les animaux

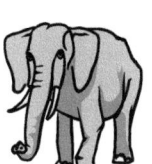

слон

l'éléphant

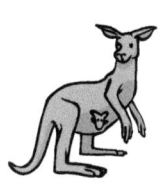

кенгуру

le kangourou

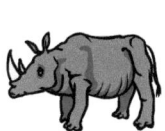

носорог

le rhinocéros

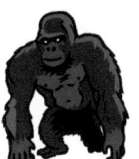

горилла

le gorille

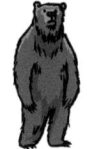

медведь

l'ours

верблюд

le chameau

страус

l'autruche

лев

le lion

обезьяна

le singe

фламинго

le flamand rose

попугай

le perroquet

белый медведь

l'ours polaire

пингвин

le pingouin

акула

le requin

павлин

le paon

змея

le serpent

крокодил

le crocodile

служитель зоопарка

le gardien de zoo

тюлень

le phoque

ягуар

le jaguar

пони

le poney

леопард

le léopard

бегемот

l'hippopotame

жираф

la girafe

орёл

l'aigle

кабан

le sanglier

рыба

le poisson

черепаха

la tortue

морж

le morse

лиса

le renard

газель

la gazelle

зоопарк - **le zoo**

спорт
les sports

американский футбол
l'american Football

езда на велосипеде
le cyclisme

теннис
le tennis

баскетбол
le basket-ball

плавание
la natation

бокс
la boxe

хоккей
le hockey sur glace

футбол

le football

бадминтон

le badminton

лёгкая атлетика

l'athlétisme

гандбол

le handball

лыжный спорт

le ski

поло

le polo

действия
les activités

прыгать
sauter
обнимать
embrasser
смеяться
rire
идти
marcher
петь
chanter
мечтать
rêver
молиться
prier
целовать
faire la bise

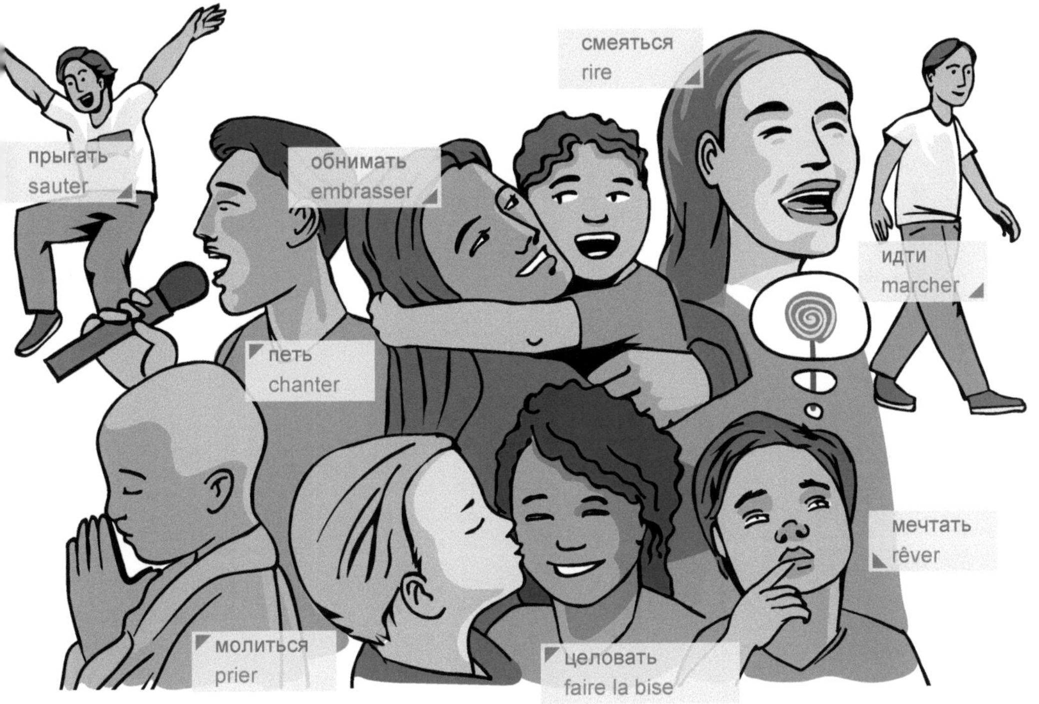

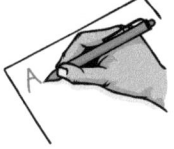

писать

écrire

рисовать

dessiner

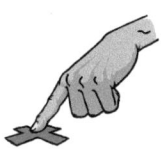

показывать

montrer

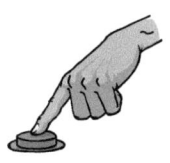

нажимать

pousser

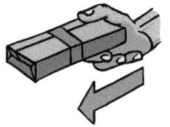

давать

donner

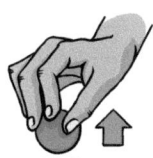

брать

prendre

иметь
avoir

делать
faire

быть
être

стоять
être debout

бежать
courir

тянуть
trier

бросать
jeter

падать
tomber

лежать
être couché

ждать
attendre

носить
porter

сидеть
être assis

надевать
s'habiller

спать
dormir

просыпаться
se réveiller

рассматривать

regarder

плакать

pleurer

гладить

caresser

причесывать

peigner

говорить

parler

понимать

comprendre

спрашивать

demander

слушать

écouter

пить

boire

кушать

manger

наводить порядок

ranger

любить

aimer

готовить

cuire

ехать

conduire

летать

voler

ходить под парусом

faire de la voile

считать

calculer

читать

lire

учиться

apprendre

работать

travailler

вступать в брак

se marier

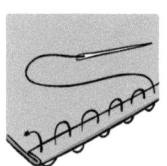

шить

coudre

чистить зубы

brosser les dents

убивать

tuer

курить

fumer

отправлять

envoyer

бушка
grand-mère

дедушка
le grand-père

папа
le père

мама
la mère

младенец
le bébé

дочь
la fille

сын
le fils

гость

l'hôte

тетя

la tante

дядя

l'oncle

брат

le frère

сестра

la sœur

тело

le corps

лоб
le front
глаз
l'œil
плечо
l'épaule
палец
le doigt
лицо
le visage
подбородок
le menton
кисть
la main
грудь
la poitrine
нога
la jambe
рука
le bras

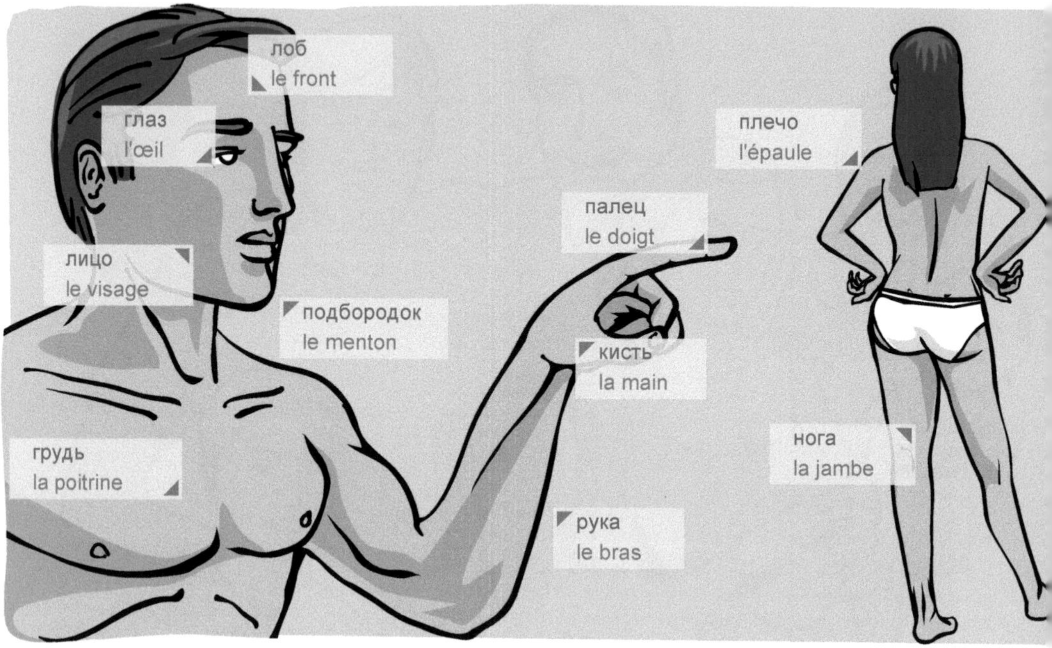

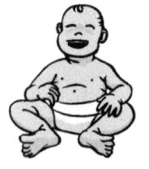

младенец

le bébé

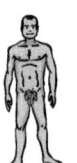

мужчина

l'homme

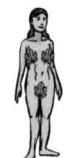

женщина

la femme

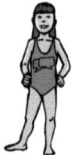

девочка

la fille

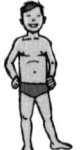

мальчик

le garçon

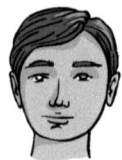

голова

la tête

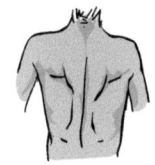

спина

le dos

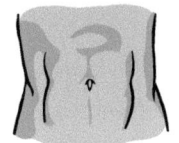

живот

le ventre

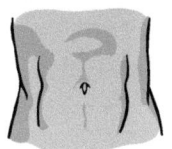

пупок

le nombril

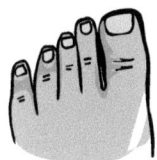

палец ноги

l'orteil

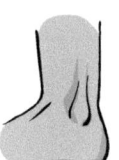

пятка

le talon

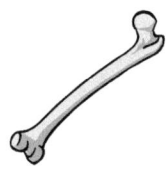

кость

l'os

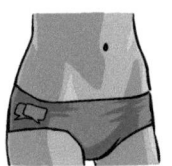

бедро

la hanche

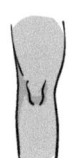

колено

le genou

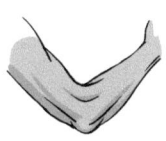

локоть

le coude

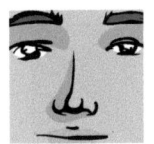

нос

le nez

ягодицы

les fesses

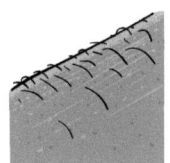

кожа

la peau

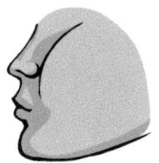

щека

la joue

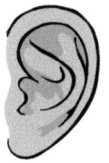

ухо

l'oreille

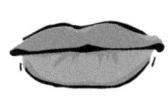

губа

la lèvre

рот

la bouche

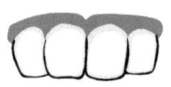

зуб

la dent

язык

la langue

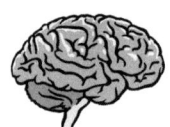

мозг

le cerveau

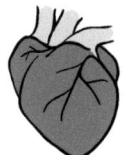

сердце

le cœur

мышца

le muscle

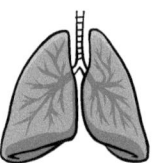

лёгкое

les poumons

печень

le foie

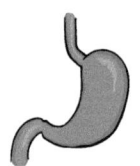

желудок

l'estomac

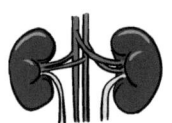

почки

les reins

половой акт

le rapport sexuel

презерватив

le préservatif

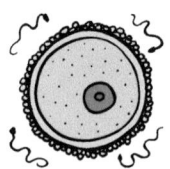

яйцеклетка

l'ovule

сперма

le sperme

беременность

la grossesse

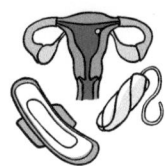

менструация
....
la menstruation

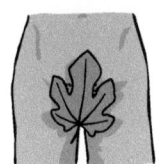

вагина
....
le vagin

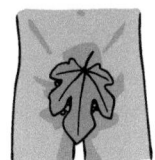

пенис
....
le pénis

бровь
....
le sourcil

волосы
....
les cheveux

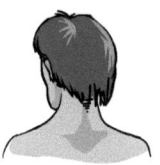

шея
....
le cou

тело - le corps

больница
l'hôpital

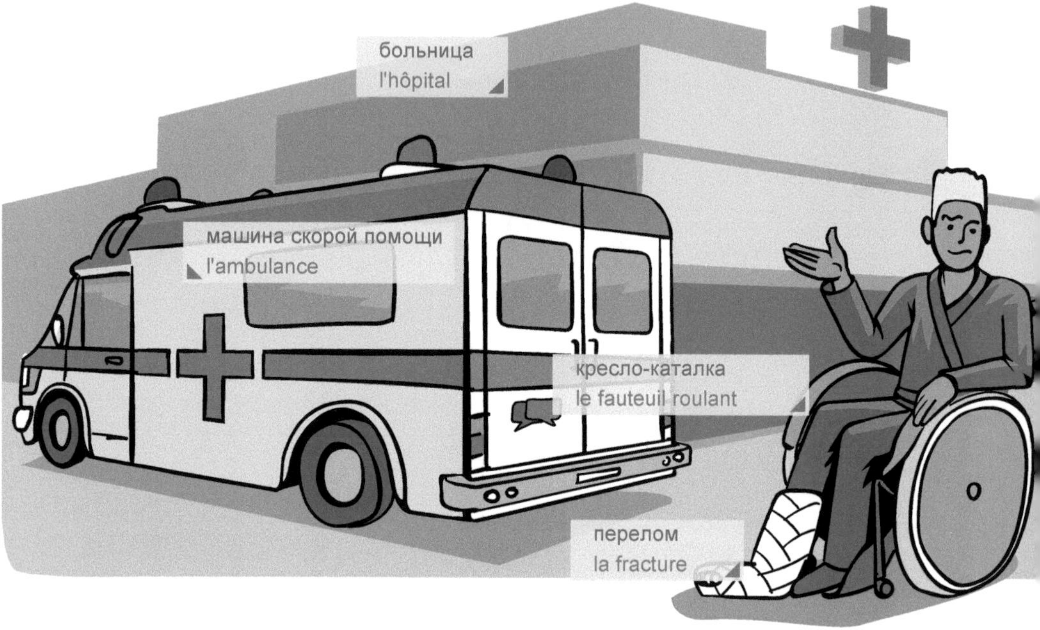

больница
l'hôpital
машина скорой помощи
l'ambulance
кресло-каталка
le fauteuil roulant
перелом
la fracture

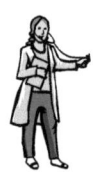

врач

le médecin

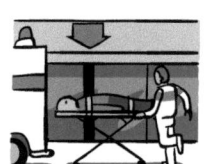

пункт первой помощи

le service des urgences

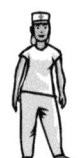

медсестра

l'infirmière

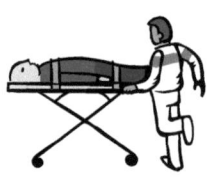

неотложный случай

l'urgence

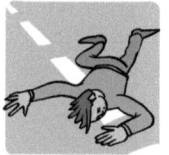

без сознания

inconscient

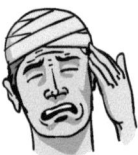

боль

la douleur

повреждение

la blessure

кровотечение

l'hémorragie

инфаркт

la crise cardiaque

инсульт

l'attaque cérébrale

аллергия

l'allergie

кашель

la toux

вышенная температура

la fièvre

грипп

la grippe

понос

la diarrhée

головная боль

le mal de tête

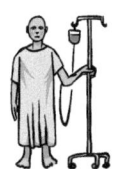

рак

le cancer

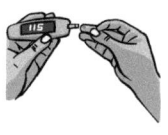

диабет

le diabète

хирург

le chirurgien

скальпель

le scalpel

операция

l'opération

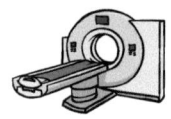

КТ

le CT

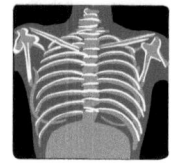

рентген

la radiographie

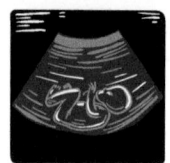

ультразвук

l'échographie

маска

le masque

болезнь

la maladie

приёмная

la salle d'attente

костыль

la béquille

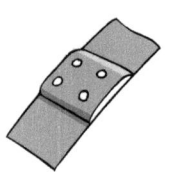

пластырь

le pansement

бинт

le pansement

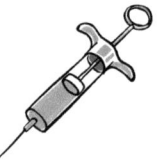

укол

l'injection

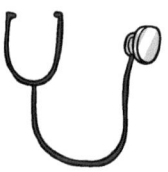

стетоскоп

le stéthoscope

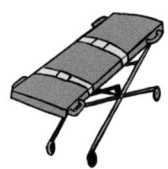

носилки

le brancard

термометр

le thermomètre

рождение

l'accouchement

избыточный вес

la surcharge pondérale

слуховой аппарат

l'appareil auditif

дезинфекционное средство

le désinfectant

инфекция

l'infection

вирус

le virus

ВИЧ / СПИД

le VIH / le sida

лекарство

le médicament

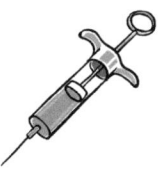

прививка

la vaccination

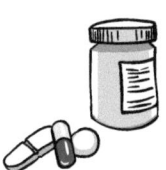

таблетки

les comprimés

противозачаточная таблетка

la pilule

экстренный вызов

l'appel d'urgence

прибор для измерения кровяного давления

le tensiomètre

больной / здоровый

malade / sain

Помогите!

Au secours !

сигнал тревоги

l'alarme

нападение

l'assaut

атака

l'attaque

опасность

le danger

запасной выход

la sortie de secours

Пожар!

Au feu!

огнетушитель

l'extincteur

несчастный случай

l'accident

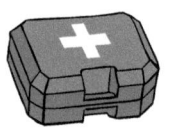

аптечка

la trousse de premier
secours

SOS

SOS

милиция

la police

Европа

l'Europe

Северная Америка

l'Amérique du Nord

Южная Америка

l'Amérique du Sud

Африка

l'Afrique

Азия

l'Asie

Австралия

l'Australie

Атлантический океан

l'Océan atlantique

Тихий океан

l'Océan pacifique

Индийский океан

l'Océan indien

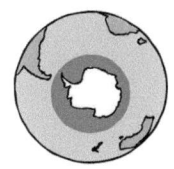

Антарктический океан

l'Océan antarctique

Северный Ледовитый океан

l'Océan arctique

Северный полюс

le Pôle nord

Южный полюс

le Pôle sud

Антарктика

l'Antarctique

земля

la terre

суша

le pays

море

la mer

остров

l'île

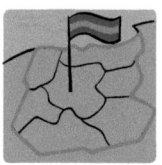

нация

la nation

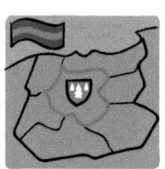

государство

l'état

циферблат

le cadran

часовая стрелка

l'aiguille des heures

минутная стрелка

l'aiguille des minutes

секундная стрелка

l'aiguille des secondes

Который час?

Quelle heure est-il ?

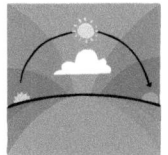

день

le jour

время

le temps

сейчас

maintenant

электронные часы

la montre digitale

минута

la minute

час

l'heure

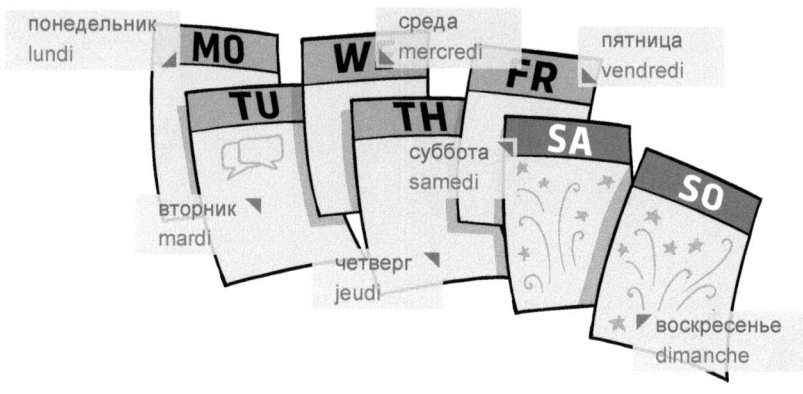

понедельник
lundi

среда
mercredi

пятница
vendredi

вторник
mardi

четверг
jeudi

суббота
samedi

воскресенье
dimanche

вчера

hier

сегодня

aujourd'hui

завтра

demain

утро

le matin

полдень

le midi

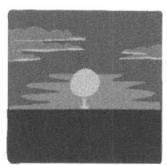

вечер

le soir

MO	TU	WE	TH	FR	SA	SU
1	2	3	4	5	6	7
8	9	10	11	12	13	14
15	16	17	18	19	20	21
22	23	24	25	26	27	28
29	30	31	1	2	3	4

рабочие дни

les jours ouvrables

MO	TU	WE	TH	FR	SA	SU
1	2	3	4	5	6	7
8	9	10	11	12	13	14
15	16	17	18	19	20	21
22	23	24	25	26	27	28
29	30	31	1	2	3	4

выходные

le week-end

год

l'année

дождь
la pluie
радуга
l'arc-en-ciel
снег
la neige
ветер
le vent
весна
le printemps
осень
l'automne
лето
l'été
зима
l'hiver

4.APRIL 11°
5.APRIL 4°
6.APRIL 13°
7.APRIL 8°
8.APRIL 10°

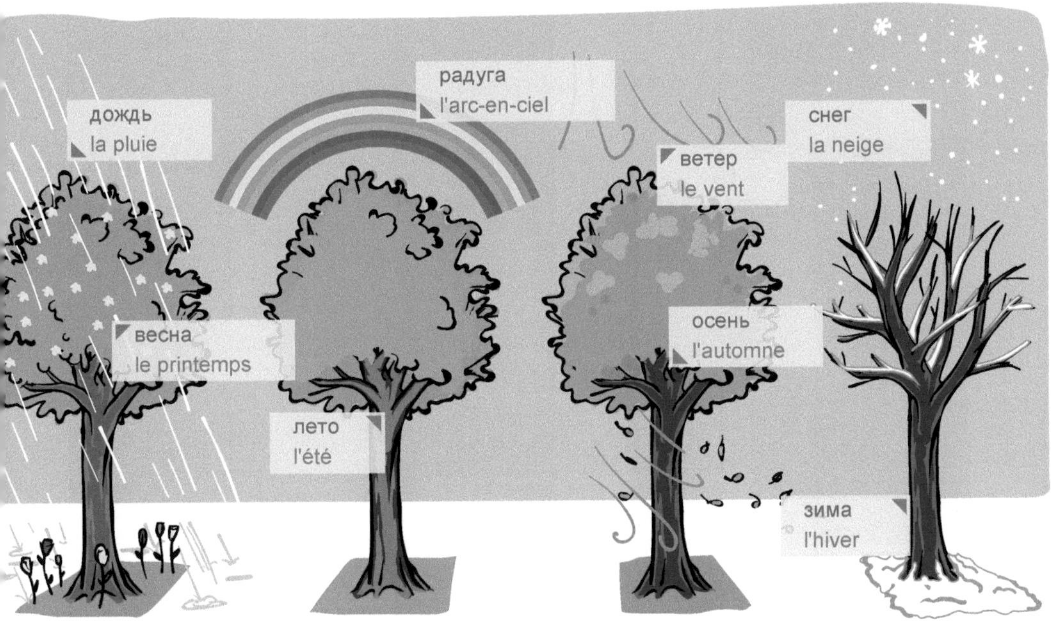

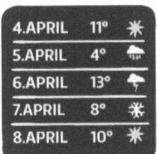

прогноз погоды

la météo

F
C
120
90
60
30
0
-30
40
30
20
10
0
-10
-20

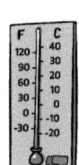

термометр

le thermomètre

солнечный свет

la lumière du soleil

туча

le nuage

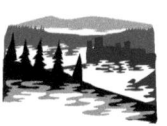

туман

le brouillard

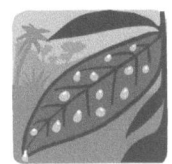

влажность воздуха

l'humidité

молния

la foudre

гром

la tonnerre

буря

la tempête

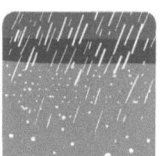

град

la grêle

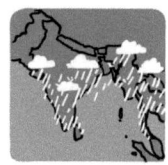

муссон

la mousson

наводнение

l'inondation

лёд

la glace

январь

janvier

февраль

février

март

mars

апрель

avril

май

mai

июнь

juin

июль

juillet

август

août

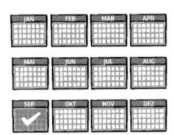

сентябрь
....
septembre

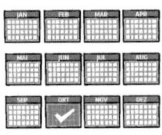

октябрь
....
octobre

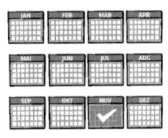

ноябрь
....
novembre

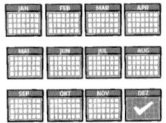

декабрь
....
décembre

формы
les formes

круг
....
le cercle

квадрат
....
le carré

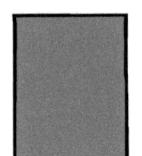

прямоугольник
....
le rectangle

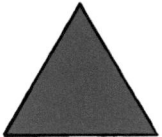

треугольник
....
le triangle

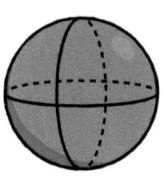

шар
....
la sphère

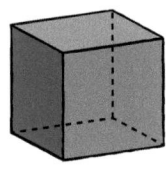

куб
....
le cube

белый

blanc

желтый

jaune

оранжевый

orange

розовый

rose

красный

rouge

лиловый

violet

синий

bleu

зелёный

vert

коричневый

marron

серый

gris

черный

noir

много / мало

beaucoup / peu

яростный / мирный

fâché / calme

красивый / уродливый

joli / laid

начало / конец

le début / la fin

большой / маленький

grand / petit

светлый / темный

clair / obscure

брат / сестра

frère / soeur

чистый / грязный

propre / sale

полный / неполный

complet / incomplet

день / ночь

le jour / la nuit

мёртвый / живой

mort / vivant

широкий / узкий

large / étroit

съедобный / несъедобный

comestible / incomestible

злой / дружелюбный

méchant / gentil

взволнованный /
скучающий
excité / ennuyé

толстый / худой

gros / mince

сначала / в конце

le premier / le dernier

друг / враг

l'ami / l'ennemi

полный / пустой

plein / vide

твёрдый / мягкий

dur / souple

тяжёлый / легкий

lourd / léger

голод / жажда

faim / soif

больной / здоровый

malade / sain

незаконный / законный

illégal / légal

умный / глупый

intelligent / stupide

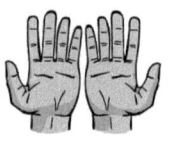

слева / справа

gauche / droite

близко / далеко

proche / loin

новый / подержанный

nouveau / usé

ничто / нечто

rien / quelque chose

старый / молодой

vieux / jeune

включено / выключено

marche / arrêt

открыто / закрыто

ouvert / fermé

тихо / громко

faible / fort

богатый / бедный

riche / pauvre

правильный /
неправильный
correct / incorrect

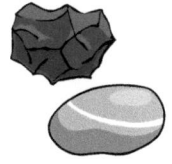

шероховатый / гладкий

rugueux / lisse

печальный / счастливый

triste / heureux

короткий / длинный

court / long

медленный / быстрый

lent / rapide

мокрый / сухой

mouillé / sec

тёплый / прохладный

chaud / froid

война / мир

la guerre / la paix

цифры
les nombres

0

ноль

zéro

1

один

un / une

2

два

deux

3

три

trois

4

четыре

quatre

5

пять

cinq

6

шесть

six

7

семь

sept

8

восемь

huit

9

девять

neuf

10

десять

dix

11

одиннадцать

onze

12

двенадцать

douze

13

тринадцать

treize

14

четырнадцать

quatorze

15

пятнадцать

quinze

16

шестнадцать

seize

17

семнадцать

dix-sept

18

восемнадцать

dix-huit

19

девятнадцать

dix-neuf

20

двадцать

vingt

100

сто

cent

1.000

тысяча

mille

1.000.000

миллион

le million

цифры - les nombres

англанглийский

l'anglais

американский английский

l'anglais américain

мандаринский китайский

le chinois mandarin

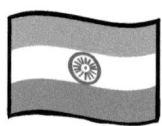

хинди

le hindi

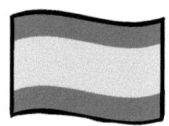

испанский

l'espagnol

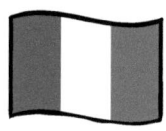

французский

le français

арабский

l'arabe

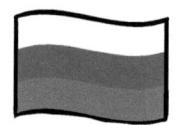

русский

le russe

португальский

le portugais

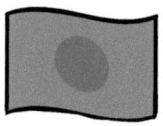

бенгальский

le bengali

немецкий

l'allemand

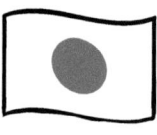

японский

le japonais

я
....
je

ты
....
tu

он / она / оно
....
il / elle / ce, c', cela

мы
....
nous

вы
....
vous

они
....
ils / elles

кто?
....
Qui ?

что?
....
Quoi ?

как?
....
Comment ?

где?
....
Où ?

когда?
....
Quand ?

имя
....
le nom

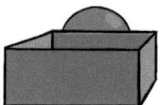

за
derrière

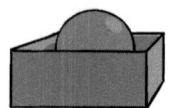

в
dans

перед
devant

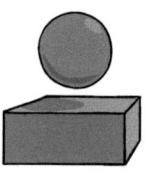

над
au-dessus

на
sur

под
en-dessous

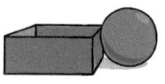

рядом
à côté de

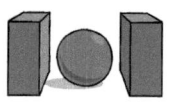

между
entre

место
le lieu